我想要这个，

妈妈为什么不让买？

大甩卖！

［法］吉耶梅特·富尔◎著　［法］阿德里安娜·巴曼◎绘　宋　傲◎译

太棒了！到处都在打折促销！
别急，买促销商品不一定划算！

北京科学技术出版社
100 层 童 书 馆

著作权合同登记号 图字：01-2022-5809

图书在版编目（CIP）数据

我想要这个，妈妈为什么不让买？/（法）吉耶梅特·富尔著；（法）阿德里安娜·巴曼绘；宋傲译. —北京：北京科学技术出版社，2023.1
ISBN 978-7-5714-2639-2

Ⅰ. ①我… Ⅱ. ①吉… ②阿… ③宋… Ⅲ. ①儿童故事－图画故事－法国－现代 Ⅳ. ① I565.85

中国版本图书馆 CIP 数据核字（2022）第 196011 号

策划编辑： 卢奕彤
责任编辑： 付改兰
封面设计： 沈学成
图文制作： 天露霖文化
责任印制： 李 茗
出 版 人： 曾庆宇
出版发行： 北京科学技术出版社
社 址： 北京西直门南大街16号
邮政编码： 100035
电 话： 0086-10-66135495（总编室）
0086-10-66113227（发行部）
网 址： www.bkydw.cn
印 刷： 北京博海升彩色印刷有限公司
开 本： 889 mm × 1194 mm 1/16
字 数： 38千字
印 张： 3
版 次： 2023年1月第1版
印 次： 2023年1月第1次印刷
印 数： 1 ~ 6000
ISBN 978-7-5714-2639-2

定 价： 49.00元

请注意：除了消费小恶魔的形象本身，商家的所有营销手段都是真实存在的。

凯撒
西蒙娜
萨米
消费教授
安娜

邻里二手集市

邻里二手集市
我们当初是怎么想的？为什么要买这些东西？

今日休息
货品齐全
一定有你需要的！
请告诉我：怎样才能把这些东西卖出去？

刺激消费

20世纪50年代，大众消费蓬勃发展。能够随心所欲地购物，人们感到十分开心。

工厂开始源源不断地生产各种产品……

要推销这些产品，就得让人们愿意购买他们并不需要的东西。
新厨柜
新冰箱
新沙发
所有的东西都是新的，他们什么都不缺。我们得给他们找些理由，让他们再多买点儿……

看看他们的削皮刀，用了好几年也不换。但只要买了有栗色刀柄的削皮刀，他们就很容易将它与削下来的土豆皮混在一起，扔进垃圾桶。

削皮刀

如果我们组织一场环法自行车赛，观众肯定想买自行车。

商家让消费者深信，求婚时必须送对方一枚昂贵的戒指。
钻石代表恒久不变！

新年、母亲节等节日是刺激人们消费的大好时机。

新年过后，母亲节之前，我们什么也没卖出去。
能在这两个节日之间再加个节日吗？
情人节？
对呀，这样我们不就可以卖巧克力了吗？
还有珠宝……
还有鲜花……
年历
于是商家“发明”了情人节。

营销学就是这么来的。品牌可以刺激消费；包装是为了取悦潜在的消费者；至于广告，那可太重要了，它可以激发消费者的购买欲望。
促销
牢牢记住产品、价格、广告、折扣这几个要素！

人们一旦习惯了不停地买、买、买，想改回之前的消费习惯可就难了。
萨米的生日（20世纪90年代）
哇！今天是我的生日！

萨米的生日（2000年）
哇！今天是我的生日！

萨米的生日（2009年）
哇！今天是我的生日！

萨米的生日（2015年）
哇！今天是我的生日！

萨米的生日（2020年）
难道开完这个派对，我就不能再和别的朋友开派对了吗？他们在等着我！

一定要让“半年生日会”流行起来。
生日会
别人有的，自己要有；别人没有的，自己要有。以前有的，现在要有；以前没有的，现在要有。

秋冬新款到店
欢迎选购
下周新款

人们的衣柜都要堆满了，但为了让人们继续买东西，商家想方设法让他们紧跟潮流。

我只想要能玩很久的玩具。
能玩很久？你常常玩一阵就把玩腻了的玩具扔掉。

FOOTBALL
WORLD CUP
1986
球星卡册
（上面的球星现在都已经退役）
从 2017 年起就再没玩过的指尖陀螺
2013 年产的过时的塑料手环
变得硬邦邦的史莱姆套装
不再发亮的亮片 T 恤衫
没了鬃毛的小马玩具
断了线的解压球

大人也一样。看！
2010 年买的搅拌器
21 世纪初买的面包机
2019 年买的玩具枪
20 世纪 70 年代买的酸奶机
2015 年买的魔方
2017 年买的小白鞋

反套路秘诀

1

不要盲目追逐潮流，因为所有款式都会过时。

零头定价策略

1000元
经典积木

啊，1000 元是不是太贵了？也许没人会买……
1000元

这是个好办法。
999.9元
经典积木
999.9元
经典积木

你们关注过周围商品价格的特点吗？

早饭套餐
9.9 元
甜点
20.9 元
智能手机
1299元

从音乐网站下载一首歌只要 4.99 元！
真便宜，还不到 5 元？

我们看到带零头的数字，往往觉得价格不高——商家这样定价，利用的正是我们这样的心理。
每个月的会员费 19 元。

小钱变大钱

这个手机游戏不贵！
每天只要1元。
你知道一年有多少天吗？

嗯……我想想。365元，还是挺贵的……
12 个月
365 天……

球星卡每张只要2元！
你知道一本球星卡册可以放多少张球星卡吗？

一名英国数学教师计算过，平均600张球星卡才能填满一本球星卡册！
不过，折扣先生，我们如果跟别人交换多余的卡片，能省不少钱……

即使你和朋友互换球星卡，你也得先花钱买！
如果早点儿有人告诉我们就好了……
数学教师

这是一本40元的球星卡册，大概要买1200元的球星卡才能把它填满。
球星卡每张只要2元！咱们试试看！
euro

小额支出不让人心疼，但最终让人花了很多钱。

每月只需
19 元
每月只需
8元
一次订购2年
一次订购3年

反套路秘诀

2

不要觉得自己花的是小钱，因为小钱累积起来就成了大钱！

顾客的行走路线

你们不能就这样把商品堆在一起。顾客的行走路线会影响他们的购物决策。

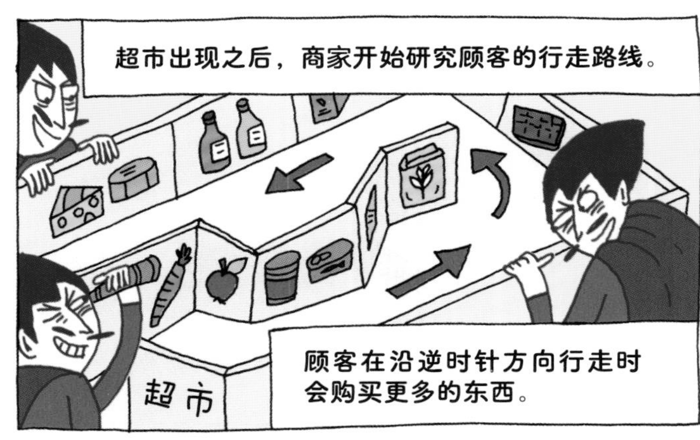
超市出现之后，商家开始研究顾客的行走路线。
顾客在沿逆时针方向行走时会购买更多的东西。
超市

这可能是因为大多数人习惯用右手拿东西。

当你去超市的时候你会发现，超市入口通常在右手边。
出口
入口

粮油、奶制品、卫生纸等生活必需品通常放在超市最里面，顾客要买这些东西，几乎要穿过整个售卖区。
玩具放在入口附近货架的中心位置，孩子们一定会从它们前面经过。
超市自有品牌的产品放在货架中间，因为这儿是最显眼的位置。
小型玩具放在离地 1 米高的位置，这样一来，幼小的孩子也能够到。
把玩具从盒子里取出来摆在外面，这样玩具才有吸引力！
含糖量高的儿童谷物产品放在与孩子们的眼睛齐平的高度。

把这些放在显眼的促销货架上!
促销
为了吸引顾客，促销货架应该被放到黄金位置。

我来超市买个小勺子。
出口
入口

出口
唉，最后我买了一大堆不需要的东西……
结账小票

看来摆放的位置很重要。

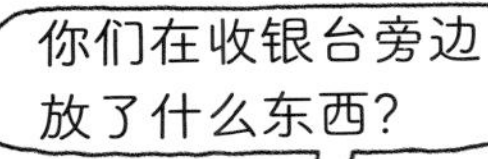
你们在收银台旁边放了什么东西?

对顾客来说，排队等待结账很无聊。所以，收银台也是一个能让顾客掏腰包的好地方。商家总是在孩子够得到的地方摆放糖果，而在大人方便拿取的地方摆放杂志。

商家还会考虑顾客日常生活中的活动路线，在大街上吸引他们购物。

游泳馆
把这些零食柜放在那几个小孩的眼皮底下!

反套路秘诀

3

别被那些路边的商品所迷惑，它们放在那里就是让你掏腰包的!

购物车、购物篮、购物袋和免费送货

女士，您好！这里有很多价格实惠的玩具。
谢谢，不过我已经拿不了了！

你们注意到了吗？超市总是提供购物车或购物篮，其目的就是让我们把它们装满！

一旦有空间，我们总是倾向于把它填满。
比如填满汽车后备厢、行李箱、壁橱……

购物袋越大，顾客买的东西越多，花的钱也就越多。
购物袋
入口

有了滚轮购物篮，顾客就感觉不到自己已经买了很多东西。

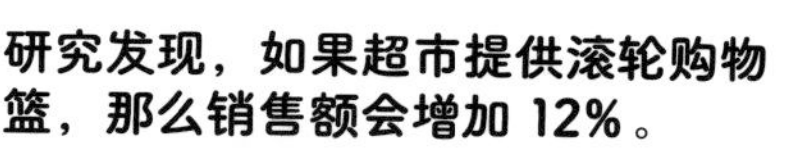
研究发现，如果超市提供滚轮购物篮，那么销售额会增加 12%。

如果超市提供免费送货服务，那么顾客购物就会变得轻松，就容易多买东西。
¥

女士，我们
提供购物袋。
邻里
二手
集市
拿着吧！

超市总是利用购物袋做广告。人们拎着这样的袋子走在街上，简直就是移动的广告牌。
LEGO
fnac
Bic

电商甚至会在包装盒上做广告——说不定买家的邻居有机会看见呢。

大卖场

反套路秘诀

4

购物的时候带上自己的购物袋，以防多买。

包装的艺术

1915 年产
的可口可乐
1974 年
产的健达
奇趣蛋
1936 年产的
法奇那汽水
包装可不仅仅是把商品包起来，好的包装能提高商品的辨识度。

商家还会设计自己的商标。商标通常包括品牌的名字和内涵。商标的字体和颜色让人一眼就能辨认出对应的品牌。

NIKE
nutella
LEGO
Kellogg's

世界上很多地方的儿童，即使还不识字，也认识下面的标识。

随着商品经济的发展，包装变得越来越重要。包装能牢牢吸引顾客的眼球。

包装会根据顾客的喜好而变化。

例如，饮品的包装上注明含蜂蜜而不注明含糖。
这样即使饮品含糖量很高，家长也会觉得它对孩子的健康有好处。

商家还会设计一些形象，让孩子自然而然地把这些形象和商品联系在一起。例如，1978 年，雀巢公司旗下的巧克力品牌设计了名为“肥快兔”的卡通形象。

但因为它太胖了，家长认为吃这款巧克力会让孩子发胖。

1990 年，“快快兔”取代了“肥快兔”。

以前番茄沙司的瓶子都是易碎的玻璃做的，后来亨氏推出了塑料瓶，这样小孩子就可以自己挤番茄沙司了。
于是，有 5 岁以下儿童的家庭在番茄沙司上的消费量增加了 50%。

爱味雅将芥末酱装在彩色玻璃瓶里售卖——芥末酱用完了，玻璃瓶还可以留着。如今在法国，一半的芥末酱都是装在玻璃瓶里售卖的。
AMORA

大部分法国人家里积攒了很多玻璃瓶。

有些包装让人很想收藏。

有些包装很讨孩子喜欢，可以间接影响家长购物时的选择。
浴露
沐浴露

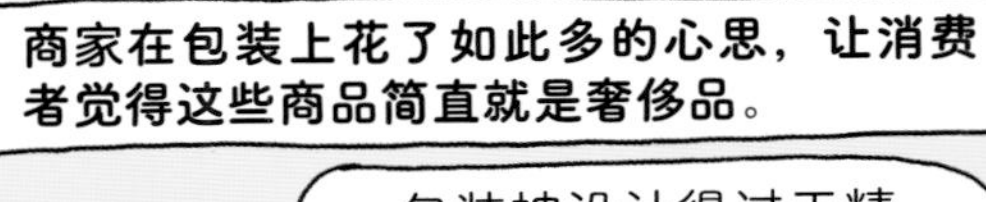
商家在包装上花了如此多的心思，让消费者觉得这些商品简直就是奢侈品。

包装被设计得过于精美，让人觉得拆包装好像拆礼物。

反套路秘诀

5

不妨读一读包装上的那些小字，它们通常是商家不想让你看到的。

旧物回收

回收
旧手机
回收胶囊咖啡
回收
旧衣服
超级
实惠！

为什么要买二手衣服？我们明明可以买新的……
回收
旧衣服
超级
实惠！

回收是个好办法，它不光环保，还能促使人们买更多的东西。

我明白了。
明白了什么？

商家让我们觉得一直买东西不是浪费，因为旧物可以用来制造新商品。

他们想让我们将壁橱腾出更多空间。

反套路秘诀

6

保护环境的最好方式不是买了东西再将其送到回收站，而是少消费。

“绿色”的陷阱

商家宣称他们的产品环保，以此来刺激人们消费。我敢说你们一定能找到很多例子。

“100%天然”，这里的“天然”没有任何意义！
100% 天然 南瓜汁
纯果汁
火腿

完全正确，“天然”这个词没有任何实质性意义，有些工业产品也宣称它们是天然的。

也有一些商家选用绿色包装，让人觉得产品健康、环保。

他们还会用一些有自然元素（比如麦穗、树木）的图片，但是谁知道他们的产品是不是真的有益于环保呢？

商家想用下面的字眼来显示自己关注环保。
环保产品
生态
环保产品
可降解材料

买东西时，我们应该关注产品是否有官方的绿色产品认证，也可以仔细阅读配料表。
demeter
BIO SOLIDAIRE
NATURE PROGRES
Bio Cohérence
NORDIC ECOLABEL
Minga
CONFIANCE TEXTILE
DER BLAUE ENGEL
ÉQUITABLE ECOCERT
Trasparent Trade
GLOBAL ORGANIC TEXTILE STANDARD

反套路秘诀

7

如果商家宣称他们的产品“绿色”“环保”，那么请仔细看配料表以及相关的认证标志。

迷惑人的包装

怎样知道哪种瓶子装的洗发水最多？
洗发水
洗发水

把产品的包装设计得复杂一些，这样顾客就不会关注净含量，也就不会去比较价格。

1月
3.79
元
玉米片

2月
3.79
元
玉米片

3月
3.79
元
玉米片

4月
3.79
元
玉米片

5月
家庭装
4.79
元
玉米片

顾客记得6卷卫生纸或1袋玉米片的价格。
但是他们不知道每卷卫生纸有多少层，也不知道每袋玉米片有多重……
我们在保持价格不变的同时偷工减料，他们肯定发现不了！

反套路秘诀

8

仔细看商品标签上商品的单价，这才是你比较价格时要关注的。

性别营销

泰奥，你想要自行车吗？
我才不要粉色自行车呢。

在我小的时候，儿童自行车通常是红色的，男孩女孩都能骑。

20 世纪 80 年代
如果我们把自行车涂成粉色或黑色的，那么那些既有儿子又有女儿的家庭就得买两辆自行车。

很快，每个领域的产品都开始分别针对男孩和女孩。这就是性别营销的由来。

比如，积木本来是男孩和女孩都能玩的。

2012 年
如果我们推出粉色和紫色积木，女孩就会觉得蓝色、黑色、棕色积木是给男孩玩的，这样我们就能卖出更多的积木！

所有产品都应该推出“女孩版本”！
卖给女孩的牙刷跟卖给男孩的颜色不同。
公主款
玫瑰风味
女生
专属
公主软糖
男童
女童
牙刷
牙刷

你有小马宝莉的书吗？
没有，那本书在女孩们的桌上。

你有实验套装吗？
没有，在男孩们那边，因为实验套装的包装上都是男孩的图片。

人们认为女孩更喜欢粉色和紫色。
很多女孩玩具都是这两种颜色的。

利用性别营销策略，商家卖出了更多的商品，但事实上消费者的选择越来越少。

男孩玩具
女孩玩具

针对女孩的货架只卖女孩用的东西。
针对男孩的货架只卖男孩用的东西。

反套路秘诀
9
不要被玩具或其包装的颜色限制住，所有玩具男孩和女孩都可以玩。

夸张与大份

袋装弹珠2元
超大袋装弹珠2元

高速弹珠 2元
超音速弹珠 2元

商家的宣传语越来越夸张，你们注意到了吗？

嗯，比如针对“上头糖”，他们总是换宣传语……
直冲头脑
上头糖
提神醒脑，激发活力
上头糖
夺取头脑的糖果

日历
日历

天天搞促销活动，哈哈！
消费得越多，人们就越难减少消费。

这支8色圆珠笔挺不错的！
什么时候比萨的口味能再丰富一些？

这让我想起了汉堡王
和麦当劳关于汉堡包
尺寸的较量……

20 世纪 50 年代的成人
餐汉堡包和如今的儿童
餐汉堡包一样大。

那时的饮料也
没有今天这样
大杯的。
McDonald's

使饮料杯不断变大的人名叫戴维·沃勒斯坦。

20 世纪 60 年代的美国

第 2 份
爆米花
0.5 美元
爆米花

有意思的是，人们不愿意买两份同
样的食物，因为这样显得自己太贪
吃。那如果增加一份食物的分量呢？
戴维·沃勒斯坦

我要超
大份！
我也要！
加 0.5 美元
买超大份

戴维·沃勒斯坦受到启发，想出了一个主意……

1972 年，麦当劳餐厅

推出大份薯条，
怎么样？

从此，所有大型连锁快餐店都开始提供大份套餐。

加大份
超大份
巨无霸

别忘了在菜单中加上沙
拉，这样一来，汉堡包
等就不会被认为是造成
顾客变胖的罪魁祸首了。

反套路秘诀
10
不要被任何大份或超大份的食物所迷惑，商家只是想让你多花钱。

附加产品或服务

5元
3元

要买窗户吗？只要 2 元！烟囱 2 角……
很多东西都需要消费者额外付费。
3元

这样说来，机票的价格不含行李托运费和餐费？

您要不要做一次护理？
要加 40 元。

来一杯咖啡！
不如来一份咖啡加甜点的套餐？
要加 5 元。

顾客往往只关注基础产品的价格，而不考虑总价。

降低基础产品的价格，免得消费者抱怨价格高，但是可以抬高附加产品的价格！
促销
咖啡
食盐打折
鸡蛋
促销
牛奶
打折

反套路秘诀

11

别忘了计算附加产品或服务的费用。你需要关注的是最终的总费用。

迷惑人的价格

这辆玩具消防车应该卖 500 元！
折扣先生，这个价格太高了，没人会买的。

这不重要。重要的是，在高价商品的对比下，人们会觉得买其他商品更划算。

菜单
龙虾
60元
汉堡包
15元
可能从来没有人点龙虾，但它的存在让人觉得一个 15 元的汉堡包一点儿也不贵。

所以，商家卖 9999 元的手机是为了让我们觉得买 1999 元的手机很划算。
9999元
1999元

看，这盒积木卖 380 元，这会让人觉得那些 50 元一盒的积木便宜得不得了，其实 50 元也不是个小数目。
16+

购物时只比较价格是不够的，还应该考虑自己实际花了多少钱。

12元卖不卖?
成交!
15元

5角钱卖不卖?
不卖!
3.50元

你会发现，同样减少3元，第一种情况显得理所当然，第二种情况则让人无法接受——你有没有受到启发?

有两位学者在20世纪80年代开展了一项研究。

假设你们在这里买一个计算器需要花15美元。
一家距这里20分钟车程的商店在卖同样的计算器，售价10美元，你们会去那儿买吗?
会!

假设你们在这里买一个计算器需要花125美元。
一家距这里20分钟车程的商店在卖同样的计算器，售价120美元，你们会去那儿买吗?
不会！跑那么远不值得。

然而，两种情况下你们都节省了5美元!

这个没有车门的玩具小汽车多少钱？
10元！

太贵了！

9元！

不，它连1元都不值……

8角！

5角！

好的，5角成交！

要做到理性消费。
可丽饼
巧克力口味 2元
果酱口味 3元
焦糖口味 2元
柠檬口味 1元

我要一块焦糖口味的可丽饼！
2元。

玩具小汽车才卖了5角钱，买可丽饼却花了2元！

反套路秘诀

12

在买某样东西之前，你要想清楚你能接受的价格，这样才不会受到标价的影响。

诱人的折扣

5元

10元
5元

人们很喜欢占便宜。
走，我们去转转。

50%
甩卖
部分商品5折

走近一看，原来是这样。
畅销商品旁边的商品5折……

第2件2.5折
这么划算，我要买两个！
10元

我省下了7.5元！
不，实际上你多花了2.5元，因为你只需要一个小包。

面包店
正在营业
面包买二赠一
羊角包买三赠一

商家喜欢给买第二件商品的顾客很大的折扣，这样顾客就会买两件。商家的目的就是尽可能多地将东西卖出去。

反套路秘诀

13

不要相信折扣，它会诱惑你买自己根本不需要的东西。

虚假的促销

不过，有的东西价格还是很划算的。看，这部手机只要1元，我正好有1元！
1元

话费套餐每个月29元，你算过一年要花多少钱吗？
还要付套餐费吗？

有时候商家会以极低的价格卖给你某样商品，但你需要额外付费才能使用买到的东西。

我们把这种营销策略叫作“剃须刀和刀片”策略。这是知名剃须刀生产商吉列公司想出来的点子。
刀片
剃须刀

以极低的价格将剃须刀卖给顾客，这样一年之内他们都要买刀片了！

想一想：还有哪些商品是通过这个策略售卖的？

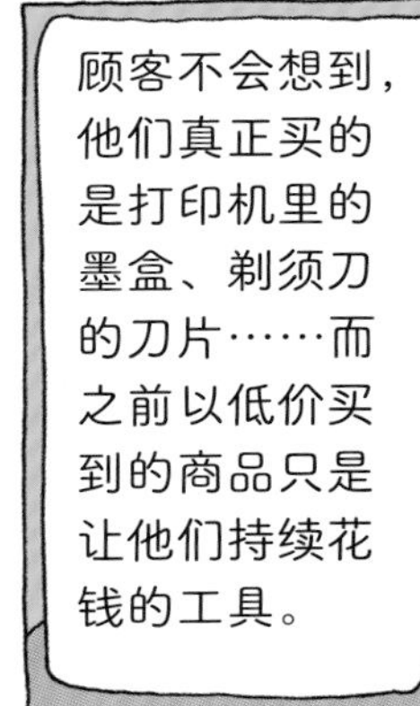
顾客不会想到，他们真正买的是打印机里的墨盒、剃须刀的刀片……而之前以低价买到的商品只是让他们持续花钱的工具。

买墨盒每月花25元
70元
买胶囊咖啡每周花10元
咖啡机
游戏设备一套200元
200元
大甩卖120元
打印机

你知道买胶卷要花多少钱吗？
……

反套路秘诀

14

要知道，某些商品虽然现在看起来不贵，用久了就要花越来越多的钱！

不可错过的购物季

快来看，这里有新的促销活动！

商家为了吸引回头客，总是试图让顾客相信促销活动机不可失。

比如打折。
对，仿佛听到“打折”就得立刻花钱！

在法国，一年中的大部分时间里，商场里的商品都是没有折扣的。不过，一年中有几个星期商场是可以随意打折的。

特价商品
5折
降价
-50%

因为有权打折，商场随时都可以拿出折扣商品，并宣称这些是专为有会员卡的顾客准备的。

结果，人们觉得永远都有便宜可占。
打折
折扣
新款
最后一天！
仅限24小时内

我不知道到底需不需要……
赶快去买吧！机不可失，不是所有人都能遇到这种好事的。

只要有机会，商家就会想尽办法吸引顾客！
新品
NEW

这就是为什么天寒地冻的时候，商场里依然摆着夏装，而在室外可以穿泳衣的季节，你在商场里还能找到大衣。

老板，9 月就寄出新年玩具的清单，可以吗？
不行，开学后学习用品卖得正火。等到 10 月再寄吧。

什么是“黑色星期五”？
黑色星期五

在美国，感恩节过后的第一个星期五会有大促销活动，这一天被称为“黑色星期五”，人们争先恐后地冲向商店。美国人成功地把从感恩节到新年这段时间变成了一个购物季！

法国也要有这样的购物季！
可是，法国没有感恩节，11 月的第四个星期四只是个普通的日子。

这有什么关系？我们可以像美国人一样大搞“黑色星期五”促销活动，到时候人们只会记住这是个购物的好时机。

年历
太好了！正好 11 月没有促销活动。

反套路秘诀

15

在买某样东西之前仔细思考，想清楚你是不是真的需要它。

饥饿营销

商店门口排起了长龙，人们在等清仓大甩卖！
我现在很理解……
妈妈，你在这儿干吗？
我在等商店开门，好抢购新出的手机。
新品
篮球鞋
668元
新品
手机

真是疯了！只要让顾客相信商品很快会卖光，他们就会疯狂抢购！
这让我想到一个主意。

注意
机器狗只剩两台了！

我要了！
不，给我！
我先看到的！
这种营销策略叫作“饥饿营销”。

饥饿营销十分常见。
新品
只要让顾客相信库存不足，到年底我们肯定能卖出 100 万件游戏手柄！

只要商家宣称现货库存有限，顾客就会迫不及待地去买。

我太幸运了！

你来帮我整理摊位吧，萨米！
等等，这把黄金砍刀可是很稀有的！我觉得我得把它买下来！

但是这把黄金砍刀能帮你获胜吗？

当然不能，如果玩家花钱就能获胜，那就没人玩游戏了。游戏里售卖的东西都是用来炫耀的。

不管是游戏、卡片、弹珠、篮球鞋还是别的商品，只要商家让顾客觉得它们是稀有的，这些东西的价格就会上涨。

虚拟装扮根本没有什么用处，玩家却很愿意花高价购买。

篮球鞋也是批量生产的，人们却生怕鞋子很快卖光，所以急急忙忙抢购。
智能手机是批量生产的，人们却担心错过机会就买不到，因而争相购买。

反套路秘诀

16

商家声称就要卖光的那些商品其实正在被大批量生产出来。

赠品的诱惑

我不知道怎么处理这些杂志，每一本杂志都有赠品！
BABY
PARENTS
Cadeau
Economie
NOEL
GLAMOUR
FOOT
DEUX

买杂志赠送手机？
不仅如此，还赠送望远镜！

根本用不了，坏了！
什么也看不见！

算了，把它放到二手集市吧。

看看这些花里胡哨的玩具！

二手玩具

还有给成年人的赠品！
真的很难抗拒这些赠品……
加油站赠送的咖啡杯
订阅杂志时获赠的手表

利用赠品来吸引顾客的方式由来已久……

20 世纪初，世界上最早的大型商场给孩子送画片和气球，以此来吸引顾客。
大卖场

2006 年，三位心理学家通过一项关于巧克力的实验证明了赠品对消费者的吸引力。
克里斯缇娜·尚帕妮
妮娜·玛扎
丹·阿里埃尔

劣质巧克力
优质巧克力
1 元
15 元
巧克力
价格相差 14 元。
73% 的顾客选择了优质巧克力。

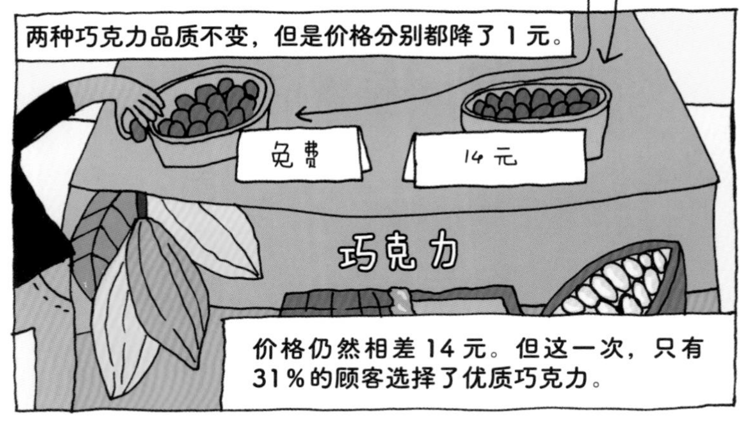
两种巧克力品质不变，但是价格分别都降了 1 元。
免费
14 元
巧克力
价格仍然相差 14 元。但这一次，只有 31% 的顾客选择了优质巧克力。

没有人能拒绝赠品的诱惑！
是啊，赠品实在太有吸引力了！

抓住老顾客

折扣先生，过来看看吧，我们给您打折！

我可是老顾客了。

20 世纪 70 年代
集邮册
我得到了集邮册，只要集齐邮票就能得到礼物。

20 世纪 80 年代
第 11 次免费
我得到了“第 11 次免费卡”——只要我乘坐 10 次飞机，航空公司就会赠送一张机票给我。

20 世纪 90 年代
-5%
我得到了折扣卡。

21 世纪初
购物券
我得到了购物卡、购物券和返现卡。

平均每个法国人有 7 张会员卡……

所有的商家都在打同样的算盘：与其花钱做广告吸引顾客，不如直接给顾客打折。
降价
广告
¥
¥

PUB
ACTION

有些商家会研究我们的消费习惯，并给出相应的折扣来诱惑我们。

这家人经常买苏打水，等他们再买苏打水的时候，就给他们打折！
她每次都买 40 元的东西。

我们只要针对她搞“满 50 元减 5 元”的促销活动，她就会心甘情愿地多花 5 元！

想方设法吸引顾客的可不光是商店！

我必须和他聊天，否则会丢分！

我和好友有 30 个火苗，这说明我们连续 30 天在互发消息。我们还会继续聊下去。

反套路秘诀

17

不要被那些给你带来小利的卡、券等所迷惑，它们会让你花更多的钱。

无意识消费

您不用信用卡或手机支付？
现金用得越少，你就越意识不到自己在花钱。

有人做过一项调查——询问刚从商场出来的人花了多少钱。
用银行卡支付的人中，有67%都记不清自己花费的实际金额；而用现金支付的人中，只有24%搞错了自己花费的金额。

商家想要消除一切拖延付款的因素。
付款越快，顾客越没有时间犹豫。

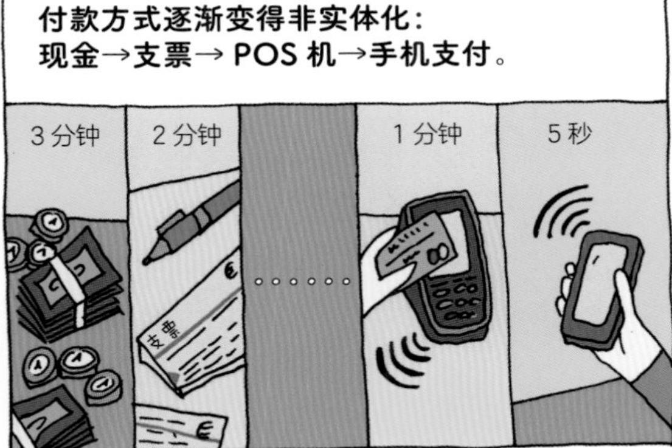

付款方式逐渐变得非实体化：
现金→支票→ POS 机→手机支付。
3 分钟
2 分钟
1 分钟
5 秒

电脑支付或手机支付最便捷，因为用信用卡支付还需要签字，而电脑支付或手机支付只需动一动手指……
购买
付款

骑士玩具
购买

她没意识到自己花了钱……
是啊。

有些商家会在几天之后再把账单寄给顾客，这样，顾客就不会意识到自己冲动消费了。

反套路秘诀

18

尽可能用现金支付，只有这样你才能意识到自己花了多少钱。

商家利用网络收集个人信息

萨米，你要和我一起去买晚饭的食材吗？
不，妈妈。商店千方百计给我们设陷阱，我们去得越少，就越不会上当！

那我们晚上吃什么？
我们可以用手机软件订餐！
即使你用手机软件订餐，商家也会揣摩你的想法，然后用各种手段来诱惑你。

此外，你在浏览网页、收发邮件等时留下的记录，也会让你受到各种诱惑。

今天下午你想骑车出去玩吗？

大数据会追踪到你浏览过的内容，向你推荐你可能喜欢的产品。

购买这件产品的人也买了……

网页在获取用户的信息前会征得用户的同意，但是我们如果需要查找信息，就不得不点击“我同意”。

我同意。

我们会尊重您的隐私。

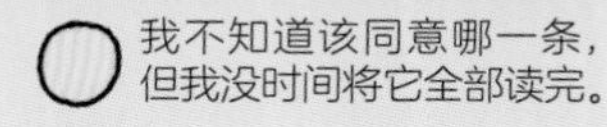

我不知道该同意哪一条，但我没时间将它全部读完。

我不同意，我也不想看其他内容。

有些购物网站在网页上显示买家常买的品牌，买家只需点击相应的按钮，就可以直接购买。这种做法可以为买家节省时间。

Persil
PRO CLEAN
NERF
LAV

有些购物网站还推出了语音助手，它能识别买家的声音，满足买家的需求。

我好想吃汉堡包。
现在吗？

商家的这些做法是为了了解我们的喜好，然后取悦我们，让我们心甘情愿地掏腰包！

反套路秘诀
19
不要相信电商的广告推送，那是电商在了解了你的行为之后诱惑你进一步消费的手段。

好烦！商家总是给我们设圈套，我再也不想买东西了。从今天起，我不吃东西了，我也不买衣服和玩具了……

别这么说。重要的是识破他们的圈套，别掉进去。

我们不可能不接触广告，不过我们要学会辨别。

我不确定要不要买这个削皮器。
看看这个价格，您还犹豫什么？况且我们还送您果皮收纳盒呢。

听上去不错！

我们的目标不是不购物，而是自己决定钱怎么花。不要让商家替我们决定。

正因为有这种顾客，我们的工作才难做。

折扣先生，我们省了不少钱呢！

咦，人呢？

从前，到我这儿买东西得费不少工夫：提前计划，做好准备，绕几个弯儿，还得确认商店是否开门……

而现在，有了网络购物的途径，我们想买什么随时随地就能买。
下单！
哇！
新沙发

下单！
动物造型睡衣
付款！

付款吧。
免运费呢！

人们越来越爱在网上购物，我的小店要关门了……

我们有个好办法！

消费博物馆
一起来识别消费陷阱吧！
6个月后就会过时的时尚单品
购买套餐时获赠的无趣玩具
没玩几次的游戏手柄
冬天买的泳衣
根本用不着却又不舍得扔的赠品
弃之可惜的糖果